CAHIER

DES CHARGES

DU NETTOIEMENT

DE LA VILLE DE PARIS,

Pour la Rive gauche de la Seine.

PRÉFECTURE DE POLICE.

Paris, le 29 Décembre 1830.

CAHIER DES CHARGES

DE L'ENTREPRISE

DU NETTOIEMENT

DE LA VILLE DE PARIS,

Pour la Rive gauche de la Seine.

L'entreprise du Nettoiement de Paris comprend quatre parties de service. Savoir :

1er. Le balayage à la charge de la Ville ;

2e. L'enlèvement des boues et immondices ;

3e. Le curage des égoûts :

4e. L'arrosement des boulevards, promenades, ponts et autres parties de la voie publique ci-après désignées ;

Cette entreprise est partagée en deux divisions. Observation préliminaire.

La 1re. comprend toute la partie de la Ville située sur la rive droite de la Seine

La 2e. sera formée de la rive gauche, en y comprenant les Isles Saint-Louis et de la Cité, et tous les ponts qui viennent aboutir à la rive droite jusqu'à la ligne du mur des quais exclusivement.

CHARGES, CLAUSES ET CONDITIONS.

PREMIÈRE PARTIE.

Balayage à la charge de la Ville.

Art. I.

Ouvriers du balayage.

L'Entrepreneur du Nettoiement emploiera chaque jour le nombre d'hommes nécessaires au balayage à la charge de la Ville, des lieux et emplacemens ci-après désignés, et ainsi qu'il est spécifié.

Art. II.

Service du balayage.

Le balayage à la charge de la Ville comprend les places publiques, les traverses et escaliers des boulevarts, les ponts, les quais de la Seine, les ponts, descentes d'abreuvoirs, escaliers de descente à la rivière, les cagnards, les ruisseaux aboutissans aux égoûts, les abords intérieurs et extérieurs des barrières (les abords intérieurs comprenant la largeur des chemins de ronde, depuis les barrières jusqu'aux maisons voisines).

Les abords extérieurs comprenant les traverses des chaussées depuis les barrières jusqu'aux derniers rangs d'arbres des boulevarts près des communes voisines.

En général, tous les points que les Ordonnances n'ont pas mis à la charge des habitans.

Il comprend aussi les halles et marchés qui sont la propriété de la Ville, et ceux qui pourraient être établis par la suite, et les parties de leurs entours sur lesquels les marchands qui les approvisionnent sont autorisés à stationner.

Les escaliers de descente à la rivière seront toujours lavés après le balayage.

Art. III.

Répartition du travail.

Le balayage sera fait aux jours et époques indiqués au tableau ci-annexé.

Art. IV.

Balayage extraordinaire.

Si cependant les circonstances nécessitaient un balayage extraordinaire et supplémentaire sur les points désignés au tableau comme ne devant pas être balayés tous les jours, et même sur d'autres points quelconques de la voie publique non indiqués en l'art. 2, l'Entrepreneur serait tenu à la première réquisition qui lui en sera faite d'effectuer ce balayage : dans ce cas, il aura droit de la part de l'Administration, à une indemnité de *deux centimes* par mètre carré dont le balayage aura été effectué.

Art. V.

L'Entrepreneur sera tenu, à la réquisition du Préfet de police, de faire extraire et relever en tas, les vases, terres et immondices qui pourraient engorger les bouches des égoûts, les chûtes des cagnards et gargouilles, ainsi que les vases et attérissemens qui se forment aux chûtes des égoûts dans la rivière. Vases, terres, attérissemens.

Art. VI.

Après les crues de la rivière, il sera tenu également de faire balayer, relever et enlever immédiatement les vases qu'elle aura laissées sur les ports et berges de la Seine et dans les rues voisines. Ports et berges.

Art. VII.

Dans les temps de gelées et verglas, l'Entrepreneur fera répandre du sable en quantité suffisante sur les ponts, dont le passage n'est pas soumis à un droit de péage au profit des compagnies particulières, et sur leurs abords, trottoirs et culées. Sables, gravois pendant les gelées.

A cet effet, il devra toujours avoir en magasin au moins 400 voies de sable.

A la première réquisition de l'Administration il enlevera les sables qui auront été déposés.

Art. VIII.

L'Entrepreneur sera tenu de terminer le balayage, tous les jours à neuf heures du matin, pendant les mois d'avril, mai, juin, juillet, août, septembre et octobre, et à 10 heures du matin pendant les cinq autres mois. Heures du service.

Art. IX.

Outils et ustensiles.

Il fournira aux ouvriers, les rabots, balais, pelles, tournées, crocs, brouettes, camions, ratissoirs, et seaux nécessaires au service.

L'Entrepreneur devra toujours avoir dans ses magasins, au moins 200 pelles, 200 tournées, 20 brouettes, 20 seaux et les autres outils en nombre convenable.

Art. X.

Service des neiges et glaces.

Dans les temps de neiges et glaces, l'Entrepreneur sera tenu d'employer pendant toute la journée les ouvriers du balayage à briser et à relever les neiges et glaces, à les amonceler sur les différens points de la Ville, à les jeter à la rivière sur les points qui lui seront désignés, enfin, à tous les travaux qui pourront faciliter et accélérer le déblaiement.

Si cependant les besoins de ce service exigeaient temporairement un effectif de plus de 200 ouvriers, l'Administration pourvoiera à ses frais à l'augmentation du service.

Elle aura, dans ce cas, le droit de refuser les ouvriers de l'Entreprise qui seraient reconnus impropres au service.

DEUXIÈME PARTIE.

Enlèvement des Boues et Immondices.

Art. XI.

Service Général.

L'Entrepreneur du Nettoiement emploiera chaque jour le nombre de tombereaux ou autres moyens de transports suffisans pour opérer l'enlèvement des boues et immondices dans toutes les rues actuellement existantes, et celles qui pourraient être ouvertes pendant la durée du bail, dans les chaussées des rues et des boulevarts, impasses, cagnards, halles, marchés, ports, ponts, quais, descentes d'abreuvoirs, cours, cloîtres et passages publics non fermés, aux abords intérieurs et extérieurs des barrières, ainsi qu'il est indiqué en l'art. 2.

Art. XII.

Moyens d'enlèvement et de transport.

L'Entrepreneur aura seul le droit d'employer des voitures, charrettes, tombereaux, ou tous autres moyens de transport analogues pour l'enlèvement des immondices et résidus quelconques déposés sur la voie publique. Il ne pourra employer à ce service des voitures de plus de deux colliers, à moins d'y être autorisé par l'Administration.

Art. XIII.

Heures et durée du service.

L'enlèvement des boues et immondices devra commencer à 8 heures du matin, et être terminé à midi pendant les cinq mois d'hiver.

Il devra commencer à 7 heures du matin, et être terminé à 11 heures pendant les autres mois.

XIV.

Itinéraire des voitures.

L'Entrepreneur sera tenu de faire connaître à l'Administration l'itinéraire que devra parcourir chacun des tombereaux ou autres moyens de transport de son service, et les divers quartiers au service desquels ils seront spécialement affectés.

Il ne pourra changer cet itinéraire sans en donner avis au moins 24 heures à l'avance.

Art. XV.

Disposition et chargement des voitures.

Les tombereaux ou autres moyens de transport seront établis avec solidité, et disposés et chargés de manière à ce que les matières ne puissent se répandre sur la voie publique.

Leur entretien.

L'Entrepreneur est tenu de les entretenir en bon état et de les nettoyer extérieurement des ordures adhérentes.

Art. XVI.

Plaques numéros.

Chaque tombereau sera revêtu d'une plaque apparente, en tôle peinte en blanc et à l'huile; sur laquelle seront inscrits en rouge les numéros des tombereaux. Les dimensions de cette plaque seront fixées ultérieurement.

Les inscriptions sur les plaques et les plaques elles-mêmes devront être renouvelées au besoin à toute réquisition de l'Administration.

Art. XVII.

Garniture des tombereaux.

Chaque tombereau sera garni de deux pelles, un balai, une pioche et un croc.

Brouettes.

Il sera au besoin attaché une brouette pour faire l'enlèvement des boues et immondices dans les rues, impasses et passages où les tombereaux ne peuvent pas entrer.

Art. XVIII.

Desservans. Leurs devoirs.

Chaque tombereau sera desservi par deux hommes âgés au moins de 18 ans, et assez robustes pour faire le service avec célérité ; ces desservans se serviront du balai pour ne laisser aucuns résidus le long des murs, sur le bord des ruisseaux et sur toute autre partie de la voie publique.

Ils feront usage de la pioche et du croc partout où le service l'exigera, surtout pour nettoyer les entre-bornes.

Art. XIX.

Passage des tombereaux indiqués par une clochette.

Le passage des voitures de nettoiement sera annoncé par une clochette suspendue par un fort ressort en avant de ces voitures.

La dimension de cette clochette sera ultérieurement déterminée.

Art. XX.

Retard dans le service

S'il arrivait que l'enlèvement des boues et immondices ne fût pas terminé dans chaque quartier aux heures prescrites, l'Entrepreneur sera tenu de le continuer jusqu'à parfait achèvement, sans préjudice des retenues dont il sera ci-après parlé, pour le retard qu'il aura apporté à son service.

Art. XXI.

Halles et Marchés

Dans le marché Saint-Germain, l'enlèvement des boues et immondices, pailles, herbages ou résidus quelconques aura lieu toute l'année, deux fois par jour, aux heures qui seront fixées par le Préfet de police.

S'il était nécessaire de faire dans les halles et marchés d'autres quartiers, un service du soir, indépendamment de celui du matin, l'Entrepreneur devra se conformer aux ordres qui lui seront donnés par l'Administration. Chaque tombereau à deux colliers dont ce service nécessitera l'emploi, lui sera payé à raison de cinq francs.

Art. XXII.

Terres, gravois, mâchefers.

L'Entrepreneur est tenu d'enlever dans le cours de son service, les mardi, jeudi, et samedi de chaque semaine, les terres, gravois, sables, décombres et machefers abandonnés sur la voie publique, et de les conduire à ses frais aux décharges publiques ou particulières.

S'il parvient à découvrir les auteurs de ces dépôts, il aura son recours contre eux en dommages-intérêts.

Art. XXIII.

Enlèvement des neiges et glaces.

L'Entrepreneur est tenu d'enlever les neiges et glaces dans tous les lieux indiqués par l'art. 2, et de les faire transporter sur les lieux qui seront désignés par le Préfet de police pour servir de dépôts provisoires.

Si cependant le service du déblaiement des neiges et glaces exigeait un effectif de plus de 140 tombereaux à deux colliers avec leurs conducteurs et leurs aides, l'Administration pourvoierait à ses frais, à l'augmentation du service.

Elle aura le droit de refuser tous les tombereaux et ouvriers de l'entreprise qui seraient reconnus impropres à ce service, qui commencera à huit heures du matin et durera jusqu'à cinq heures du soir.

Art. XXIV.

Traineaux

Afin de dégager dans les temps de neiges et glaces les ruisseaux et entrées des égoûts, l'Entrepreneur sera tenu de fournir outre les 140 tombereaux, dix traineaux, auxquels il fera ateler soit de jour soit de nuit, toutes les fois qu'il en sera requis, des chevaux de son service. Il fournira, pour les conduire, des hommes du même service.

Art. XXV.

Transport des résidus des neiges et glaces.

Au moment du dégel, l'Entrepreneur sera tenu de se procurer à ses frais, des terrains pour y transporter les résidus des neiges et glaces résultant des dépôts provisoires formés sur les différens points de la voie publique. Ces terrains devront, autant que possible, être à portée des dépôts.

Transports des Boues et Immondices.

Art. XXVI.

Suppression des voiries à boues.

Toutes les voiries à boues actuelles sont supprimées : En conséquence, l'Entrepreneur est tenu de transporter les boues et immondices provenant du service du Nettoiement à 2,000 mètres des barrières de Paris, sans pouvoir exiger que l'Administration lui fournisse des terrains pour les y déposer, et en se conformant aux lois et réglemens relatifs aux établissemens nuisibles et insalubres.

TROISIÈME PARTIE.

Curage des Égoûts.

Art. XXVII.

Service général.

L'Entrepreneur est tenu d'employer chaque jour le nombre d'hommes nécessaires au curage de tous les puisards et égoûts couverts et découverts actuellement existans et entretenus par la Ville, et de tous ceux qui pourraient être construits pendant la durée du bail, et dont l'entretien serait à la charge de la Ville.

Ce service sera fait sous la direction de l'Administration qui déterminera les parties des différens branchemens des égoûts dont le nettoiement devra être chaque jour opéré.

L'Adjudicataire sera tenu de déférer à toutes les injonctions qui lui seront faites relativement à ce service.

Art. XXVIII.

Chefs et Sous-Chefs.

Les chefs et sous-chefs des ouvriers employés au curage des égoûts seront toujours revêtus dans le cours de leur service, d'une ceinture garnie d'une plaque en cuivre, conforme au modèle déterminé par l'Administration.

Art. XXIX.

Enlèvement et transport des sables et sédimens.

L'Entrepreneur sera tenu de faire enlever et transporter à ses frais aux décharges publiques ou particulières, les sables, sédimens, et résidus quelconques provenant du curage des égoûts aussitôt après leur extraction.

Il emploiera à ce service le nombre suffisant de voitures à deux colliers. Ces voitures devront être confectionnées de manière à ce que les matières ne se répandent pas sur la voie publique.

Art. XXX.

Outils et bottes.

L'Entrepreneur fournira aux chefs et sous-chefs et ouvriers les outils nécessaires à leur service, tels que bottes en cuir fort et montantes au-dessus du genou, vannes, paniers, échelles, cordes, poulies, pelles, pics, brouettes, seaux, lampes, huile, chandelles, rabots, tringles en fer, dragues en fer et en tôle, etc.

Il leur fournira également les moyens de secours contre les dangers auxquels ils sont exposés dans le cours de leurs travaux.

Chlorure.

Chaque atelier d'égoutiers devra toujours être pourvu d'une bouteille de chlorure de chaux dans le cours du service.

Art. XXXI.

Sédimens adhérens au dallage.

L'Entrepreneur fera enlever tous les ans au pic ou par tout autre moyen les sédimens adhérens au pavé ou dallage des égoûts.

Ce travail n'aura lieu que dans les tems de gelée ou de sécheresse.

Art. XXXII.

Ouvrage d'arts

Lorsqu'il sera exécuté des ouvrages d'art dans les égoûts, l'Entrepreneur devra faire procéder au curage préalable et au nettoiement ordinaire subséquent.

Mais l'enlèvement des matériaux, gravois, décombres ou autres objets provenant des ouvrages exécutés, ne sera pas à sa charge.

QUATRIÈME PARTIE.

Arrosement.

Art. XXXIII.

Service général.

L'Entrepreneur sera tenu d'arroser les parties ci-après indiquées, savoir :

Le pont de la Révolution, le Pont-Royal, le Pont-Neuf, le Pont-au-Change, le pont Notre-Dame, le Pont-Marie, le pont de la Tournelle et le pont S.-Michel.

La portion du quai S.-Bernard, à partir du Jardin-des-Plantes, jusques y compris la place Valhubert, le boulevard de la Salpêtrière, jusques y compris la place circulaire de la barrière de Fontainebleau, le Marché-aux-Chevaux, les jours de marché seulement.

Le Boulevart du midi, depuis la rue de Grenelle jusqu'à l'Observatoire, y compris le rond-point devant la grille du Luxembourg.

Art. XXXIV.

Augmentation du service.

Si l'Administration voulait par la suite pourvoir à l'arrosement d'autres parties de la voie publique que celles indiquées en l'article ci-dessus, l'Entrepreneur serait obligé de faire ce service qui lui donnerait droit à une indemnité de huit francs par tonneau et par jour d'arrosement.

Art. XXXV.

Fourniture d'eau.

L'Entrepreneur devra se pourvoir d'eau à ses frais et de manière que son service ne puisse jamais éprouver ni retard ni interruption.

Néanmoins, il pourra prendre à la pompe des Invalides, de l'eau qui continuera à être mise à sa disposition comme cela a eu lieu jusqu'à présent, à la charge par lui de pourvoir aux frais d'entretien de cette pompe.

Art. XXXVI.

Durée du service.

La durée de l'arrosement sera de cent jours. Les jours d'arrosement seront indiqués par l'Administration à raison des besoins.

Si cependant les besoins du service exigeaient plus de cent jours d'arrosement, l'Entrepreneur devrait faire ce service toutes les fois et sur tels points qu'il en serait requis, et il aurait droit de la part de l'Administration à une indemnité de huit francs par chaque tonneau qui serait employé.

Art. XXXVII.

Heures du service.

Le service d'arrosement se fera habituellement deux fois par jour, savoir : le matin depuis huit heures jusqu'à midi, et l'après-midi depuis deux heures jusqu'à six. Si le service n'est pas fini aux heures prescrites sur quelque partie que ce soit, il sera continué sans interruption jusqu'à ce qu'il soit complètement terminé, sans préjudice des retenues dont il sera parlé ci-après.

Art. XXXVIII.

Lorsque lesbe soins du service l'exigeront, les heures de l'arrosement pourront être changées d'après, les ordres de l'Administration. Variation du service.

Art. XXXIX.

En cas de fêtes ou cérémonies publiques, l'Entrepreneur est tenu, sur la réquisition de l'Administration, de faire conduire tout ou partie des voitures de l'arrosement sur les points et pour le service qui lui seront indiqués, sans qu'il puisse réclamer aucune indemnité autre que le prix de l'eau. Fêtes et Cérémonies publiques

Art. XL.

Si l'Administration jugeait nécessaire de suspendre momentanément l'arrosement sur une partie pour en faire arroser une contiguë, pavée ou non pavée, l'Entrepreneur sera tenu de se conformer aux ordres qui lui seront donnés par l'Administration. Suspension et changemens de service.

Art. XLI.

L'Entrepreneur sera tenu, dans les chaleurs et lorsqu'il en sera requis par l'Administration, de faire jeter dans les égouts la quantité d'eau qui lui sera prescrite. Eau versée dans les Egoûts.

A cet effet, il commencera le service de l'arrosement une heure plutôt. Chaque tonneau d'arrosement jeté dans les égoûts, sera payé à raison de 50 cent.

Art. XLII.

Mode d'arrosement

L'arrosement sera toujours fait à pleine canelle et de manière que la surface soit suffisamment mouillée sans former boue.

En cas de mauvais service, les préposés de l'Administration feront recommencer l'arrosement, sans préjudice des retenues qui seront fixées ci-après

Art. XLIII.

Voitures

L'expérience ayant démontré que la construction des voitures à tonneau actuellement employées à l'arrosement, est défectueuse, en ce que l'eau tombant de trop haut, fait élever la poussière, l'Entrepreneur sera tenu de modifier la disposition des tonneaux, en soumettant son nouveau modèle à l'approbation du Préfet de police.

Desservans

Ces voitures, dans tous les cas, devront toujours être desservies par un homme âgé d'au moins 18 ans, et assez fort pour faire convenablement le service.

Dipositions générales.

Art. XLIV.

Reprise du matériel de l'entreprise à l'entrée en jouissance du bail

Conformément aux obligations contractées par l'Administration envers les Entrepreneurs actuels, l'Adjudicataire sera tenu de reprendre, d'après l'estimation qui en sera faite à l'amiable ou par experts nommés par le Préfet de police, les chevaux, tombereaux, traîneaux, brouettes, puits, pompes, outils et ustensiles actuellement employés aux diverses parties du service de la rive gauche.

Art. XLV.

Reprise du matériel des égoûts et du balayage

Le matériel actuellement affecté au service des égoûts et du balayage appartenant à la ville, l'estimation de ce matériel, que l'Adjudicataire est également tenu de reprendre, sera faite à l'amiable ou par experts nommés en la forme ordinaire.

Art. XLVI.

Reprise par le successeur dans l'entreprise.

A l'expiration du présent bail, le nouvel Adjudicataire sera tenu de reprendre tout le matériel réellement employé au service par son prédecesseur dans l'entreprise : celui-ci sera egalement oblige de livrer a son successeur les diverses parties de ce matériel. Cette reprise sera faite a l'amiable ou par experts ainsi qu'il est exprimé en l'art. 44.

Art. XLVII.

Tombereaux à trois chevaux.

En ce qui concerne les tombereaux à trois chevaux provenant du service actuel que l'Adjudicataire aura repris, il sera tenu de les supprimer dans le délai de deux ans, à partir du jour de la mise en activité du bail.

Il lui est expressément interdit d'employer des tomberaux à trois chevaux autres que ceux designés au paragraphe précédent.

Art. XLVIII.

Magasins.

L'Entrepreneur sera tenu d'avoir le nombre de magasins nécessaires pour y déposer les traîneaux, brouettes, camions, outils, ustensiles, et tous les instrumens du service du nettoiement, du balayage et curage des égoûts, et de l'arrosement. Les magasins devront être établis dans les localités les plus convenables pour le bien du service.

Art. XLIX.

Entretien du matériel.

L'Entrepreneur sera tenu d'entretenir en bon état, les tombereaux du nettoiement et des égoûts, les voitures à tonneaux de l'arrosement, les traîneaux et tous les outils et ustensiles nécessaires aux diverses parties du service. Dans le cas de négligence et faute par lui de satisfaire dans les quarante-huit heures aux injonctions qui lui auront été faites à ce sujet, il sera immédiatement pourvu d'office et à ses frais, soit aux réparations des objets, soit au renouvellement de ceux entièrement hors de service.

Art. L.

Récensement du personnel et du matériel.

L'administration ordonnera, toutes les fois qu'elle le jugera nécessaire, le recensement du personnel et de tout le matériel, employés dans les différentes parties du service : à cet effet, l'Entrepreneur sera tenu de les réunir aux heures et dans les lieux qui lui seront indiqués par le Préfet de police.

Art. LI.

Itinéraire et répartition du service.

Le premier de chaque mois, l'Entrepreneur sera tenu de faire connaître au Préfet de police l'itinéraire et la répartition de son service en général.

Art. LII.

Circonstances extraordinaires et imprévues.

Toutes les fois que des circonstances extraordinaires ou imprévues l'exigeront, et notamment lors des travaux du déblaiement des neiges et glaces, l'Entrepreneur sera tenu de déférer à toutes les injonctions qui lui seront faites par l'Administration, dans le but de faire coordonner la marche du service avec l'importance et les véritables besoins de ces circonstances, sans que la présente clause puisse autoriser l'Administration à exiger de l'Entrepreneur un plus grand nombre d'hommes, de traîneaux et tombereaux qu'il n'est dit aux articles 10, 23 et 24.

Art. LIII.

Employés de l'entreprise.

Le Préfet de Police aura le droit, après une enquête préalable, d'exiger le renvoi soit temporaire, soit définitif de tout employé de l'entreprise qui donnerait lieu à des plaintes fondées à l'occasion du service.

Contraventions et retenues.

Art. LIV.

Mode de les constater.

Les contraventions aux dispositions du présent Cahier des charges, seront punies par des retenues sur le prix de l'adjudication.

Les contraventions seront constatées par des procès-verbaux des commissaires de police et des rapports des chefs et préposés de l'Administration, visés par le Chef du service.

L'Entrepreneur sera prévenu jour par jour des procès-verbaux ou rapports dressés contre lui, dans les différentes parties du service.

Il pourra prendre connaissance et même copie au bureau du chef du service de ces procès-verbaux ou rapports.

Art. LV.

Retenues.

Les retenues seront fixées par jour, ainsi qu'il suit : Savoir :

Balayage.

Pour chaque ouvrier balayeur, au-dessous de l'effectif que l'Entrepreneur est tenu de fournir pour le déblaiement des neiges et glaces dans le cas prévu par l'art. 10.......... 3f. c.

Pour chaque traîneau non employé quoique requis...... 10

Pour chacune des parties de la voie publique non balayée ou mal balayée.. 6

Plus pour chaque mètre superficiel non balayé ou mal balayé.. » 10

Pour chaque partie de la voie publique désignée en l'art. 7, sur laquelle en temps de neige et verglas il n'aurait pas été répandu, d'après l'indication faite par le chef du service une quantité suffisante de menus gravois.................... 40

Enlèvement des Boues.

Si l'enlèvement des boues et immondices n'a pas eu lieu dans toute ou portion d'une rue, ou autre partie de la voie publique ayant 50 mètres de longueur et au-dessous, il sera fait une retenue de.................................. 40

Et dans les rues et autres parties de la voie publique de plus de 50 mètres de longueur, par chaque espace de 50 mètres.. 60

Si le service a été seulement incomplet, la retenue ne sera dans le premier cas que de.......................... 20

Et dans le second, de.............................. 40

Pour tout tombereau au dessous de l'effectif que l'Entrepreneur est tenu de fournir pour le déblaiement des neiges et glaces, dans le cas prévu par l'art. 23, ou qui abandonnerait le service dans le cours de la journée.................. 30

Pour tout tombereau surchargé et répandant les matières sur la voie publique.................................. 20

Pour chaque voie de tombereau déchargée sur la voie publique.. 30

Pour chaque tombereau trouvé dans le cours du service, en mauvais état ou sans être pourvu des ustensiles nécessaires au service et désignés en l'art. 17........................ 5

Pour chaque desservant manquant ou qui n'aurait pas l'âge et la force voulue pour le service, indépendamment du remboursement des frais faits pour le remplacer immédiatement.......... 5 f. c.

Pour défaut d'usage du balai, de pelle, pioche ou croc... 5

Pour chaque cheval reconnu trop faible pour le service... 10

Pour chaque sonnette manquant au tombereau, défectueuse ou n'ayant pas la dimension requise.......... 5

Pour chaque plaque manquant ou illisible.......... 5

Curage des Egoûts.

Pour chaque outil manquant aux ouvriers égoûtiers et fourni par le chef de service, le double de la valeur de la chose fournie.

Pour chaque paire de bottes qui n'aurait pas été fournie en temps utile.......... 50

Pour chaque paire de bottes hors d'état de service...... 10

Pour chaque tombereau en mauvais état et laissant fuir les matières sur la voie publique.......... 20

Pour chaque mètre courant dont le curage prescrit par l'Administration n'aurait pas été fait.......... 5

Indépendamment des frais pour exécution d'office.

Pour chaque desservant âgé de moins de 18 ans et trop faible pour le service.......... 5

Pour chaque cheval manquant aux voitures.......... 5

Arrosement.

Pour chacune des parties de la voie publique non arrosée ou mal arrosée.......... 6

Plus pour chaque mètre superficiel de terrain non arrosé ou mal arrosé.......... » 2

Pour chaque desservant âgé de moins de 18 ans et trop faible pour le service.......... 5

Dispositions générales.

Pour chaque employé de l'Entreprise qui interviendrait dans le service, après que son renvoi, soit définitif, soit temporaire aurait été prononcé par le Préfet de police, conformément à l'article 53.......... 5

Art. LVI.

Exécution d'office.

Toutes ces retenues auront lieu sans préjudice du remboursement par l'Entrepreneur, des dépenses faites pour réparer les omissions ou négligences dans son service. Ces dépenses seront constatées par des mémoires que l'Entrepreneur sera tenu d'acquitter sur présentation, à défaut de quoi il en sera fait l'avance par la caisse de la Préfecture, qui en retiendra le montant sur les premiers fonds dus à l'Entrepreneur.

Art. LVII.

Cession.

L'Adjudicataire ne pourra céder tout ou partie de son entreprise, ni sous-louer aucune partie de son service, sans le consentement formel et par écrit du Préfet de police. Cette interdiction sera susceptible de toute la latitude d'application de l'article 1717 du Code civil.

Art. LVIII.

Séparation des deux rives.

L'Entrepreneur d'une des deux rives ne pourra en aucun cas, et sous aucun prétexte, se rendre adjudicataire de l'autre rive, ni prendre un intérêt quelconque dans l'entreprise de cette rive, ni enfin s'immiscer dans son service.

Art. LIX.

Payement.

L'Entrepreneur sera payé du prix de son adjudication par douzième de mois en mois, sur les fonds affectés à cette dépense, et sauf les retenues pour contraventions.

Art. LX.

Réserve des deux derniers mois.

Le montant des deux derniers mois qui précéderont l'époque de l'expiration du présent marché, restera en réserve pour garantie de l'exécution entière des clauses de l'Adjudication.

Art. LXI.

Cautionnement.

Pour garantie de l'exécution des clauses du présent Cahier des charges, l'Entrepreneur versera à la caisse des dépôts et consignations un cautionnement de deux cent mille francs en numéraire, ou en rente 5 p. 100, 4 et demi au pair et en 3 p. 100 à 75.

Ce cautionnement sera constaté par acte authentique reçu après l'adjudication par le notaire de la Préfecture de police, aux frais de l'Adjudicataire.

Les intérêts ou arrérages de ce cautionnement seront touchés à chaque échéance par l'Adjudicataire.

Art. LXII.

Folle enchère.

Dans le cas où l'Adjudicataire ne remplirait pas, dans les trois jours de l'adjudication pour tout délai, l'obligation à laquelle il se soumet de fournir le cautionnement stipulé dans l'article précédent, il sera procédé à la folle enchère à ses risques et périls à l'Adjudication de l'entreprise, et la somme de 60,000 fr. par lui déposée à la caisse des dépôts et consignations conformément à l'article 71 ci-après, sera garante des effets de la folle enchère, sans préjudice des recours personnels contre ledit Adjudicataire pour l'excédant.

Si cette somme de 60,000 fr. n'est pas absorbée par les effets de la folle-enchère, le surplus appartiendra à la Ville de Paris à titre de dommages et intérêts.

Art. LXIII.

Frais.

Tous les frais qu'entraîneront l'Adjudication et le cautionnement seront à la charge de l'Entrepreneur.

Art. LXIV.

Résiliation.

L'Adjudication sera résiliée de plein droit si l'Entrepreneur néglige son service au point que les retenues dont il se rendra passible s'élèvent pour un mois au-delà de 4,000 fr.; s'il est légalement constitué hors d'état de faire son service ou de le continuer; s'il abandonne son entreprise, ou s'il ne se conforme pas aux dispositions des articles 52 et 58.

Art. LXV.

Nouvelle adjudication.

Dans les cas prévus par l'article précédent, il sera procédé sur folle enchère aux frais, risques et périls de l'Entrepreneur à une nouvelle adjudication.

Art. LXVI.

Emploi du cautionnement.

Le cautionnement fourni par l'Entrepreneur sera affecté au paiement :

1°. Des diverses dépenses qui auront été faites par l'Administration, soit en raison de la négligence qu'il aura apportée dans son service, soit par suite de l'abandon qu'il en aura fait, soit enfin par une des causes emportant résiliation, ainsi qu'il est spécifié en l'art. 64.

2°. De l'augmentation du prix que pourrait éprouver la nouvelle adjudication.

Art. LXVII.

Mode pour juger les contestations.

Pour l'exécution de toutes les clauses de la présente adjudication, l'Entrepreneur sera soumis à être traité comme entrepreneur de travaux publics; en conséquence, toutes contestations qui pourraient s'élever sur ladite exécution, seront portées devant le Préfet de police, pour être jugées administrativement en Conseil de préfecture, sauf le recours au Conseil d'état.

Mode d'adjudication.

Art. LXVIII.

Durée de l'entreprise.

L'Adjudication de cette entreprise sera faite pour neuf années consécutives, qui commenceront le 1er. avril 1831 et finiront le 1er. avril 1840.

Elle sera donnée à la personne dont l'offre sera la plus avantageuse pour la ville de Paris.

Art. LXIX.

Mode de Soumission.

Les personnes qui, après avoir pris communication du présent Cahier des charges désireront concourir à l'adjudication, devront avant le 19 février prochain à quatre heures après midi, en adresser la déclaration écrite au Préfet de police; cette déclaration devra contenir leurs noms, professions, demeures, et être appuyée de toutes les pièces nécessaires pour établir les garanties exigées.

Ces pièces paraphées par le déposant seront inventoriées au moment même du dépôt et en sa présence; un double de l'inventaire et le récépissé des titres fournis, lui seront remis immédiatement par le Secrétaire général de la Préfecture de police, ou en son nom. Ces titres lui seront rendus après l'Adjudication sur la présentation dudit récépissé.

Art. LXX.

Examen des pièces produites.

Le Préfet de police examinera toutes les pièces produites, dans une réunion composée des membres du Conseil de Préfecture et de trois membres du Conseil municipal désignés par ce conseil; après avoir pris l'avis de ces fonctionnaires et sur l'appréciation des garanties offertes par les personnes qui se seront présentées pour concourir à l'Adjudication, et des renseignemens qu'il aura recueillis, le Préfet prononcera sur leur admission ou leur rejet.

La décision sera sans appel et ne contiendra aucun des motifs sur lesquels elle reposera.

Les personnes admises à soumissionner en recevront l'avis à domicile.

Les jour et heure de l'Adjudication seront annoncées par des affiches, dans le Moniteur et autres journaux.

Art. LXXI.

Dépôt préalable.

Chaque soumissionnaire devra faire préalablement à la caisse des dépôts et consignations, un dépôt de 60,000 fr. à titre de garantie provisoire. Cette somme sera réalisée au choix de l'Adjudicataire en numéraire en rente 5 p. 100, 4 et demi au pair ou 3 p. 100 à 75.

Les frais de transfert et autres relatifs au dépôt de garantie, ou à son retrait, seront à la charge des soumissionnaires.

Art. LXXII.

Modèle des soumissions.

Les soumissions devront être entièrement conformes au modèle ci-joint A et accompagnées du récépissé conforme au modèle également ci-joint B, constatant le dépôt de la garantie provisoire exigé par l'art. précédent; ces deux pièces seront renfermées dans la même enveloppe et cachetées.

Art. LXXIII.

Mode d'adjudication.

L'Adjudication sera faite par le Préfet de police, assisté comme il est d'usage pour l'adjudication des travaux publics de Paris.

Art. LXXIV.

Maximum.

A l'ouverture de la séance, le Préfet de police déposera sur le bureau un paquet cacheté contenant une déclaration signée de lui du prix au-dessus duquel l'entreprise ne pourra être adjugée.

Art. LXXV.

Réception des soumissions.

Les soumissions seront immédiatement reçues cachetées des mains des soumissionnaires, puis numérotées et rangées sur le bureau pour être ouvertes publiquement et sans déplacement, séance tenante.

Les soumissions une fois déposées ne pourront plus être retirées.

Art. LXXVI.

Ouverture des soumissions.

L'heure indiquée pour la réception des soumissions étant expirée, le Préfet de police procédera à leur ouverture et lecture par ordre de numéro.

Il prononcera immédiatement et après avoir pris l'avis des fonctionnaires présens, la nullité de toute soumission qui ne serait pas entièrement conforme au modèle prescrit par l'article 72, ou à laquelle ne serait pas joint le récépissé de dépôt de garantie.

Art. LXXVII.

Adjudication.

Si aucune des offres portées dans les soumissions n'est inférieure ou au moins égale au *maximum* fixé par le Préfet de police dans sa déclaration cachetée, cette déclaration sera à l'instant ouverte et lue publiquement: l'Adjudication n'aura pas lieu et sera ajournée. Dans le cas contraire, la déclaration sera annulée sans être rendue publique, et l'entreprise sera adjugée au soumissionnaire qui aura offert la somme la moins élevée.

Si l'offre la plus basse était faite par plusieurs soumissionnaires, l'Adjudication définitive serait à l'instant mise au rabais, sur nouvelles soumissions, mais entre eux seulement; elle aurait lieu séance tenante.

Art. LXXVIII.

Retrait des Dépôts.

Les dépôts de garantie faits des personnes dont les soumissions seraient déclarées nulles ou auxquelles l'entreprise n'aurait pas été adjugée, seront rendus à leurs propriétaires dans les trois jours pour les valeurs transférables, et dès le lendemain de l'adjudication pour le numéraire.

Le Préfet de police écrira à cet effet à M. le directeur-général de la caisse des dépôts et consignations.

Mais le dépôt de l'Adjudicataire ne pourra être retiré de la caisse des dépôts et consignations, que lorsqu'il aura justifié du versement stipulé dans l'art. 61.

Approbation du Ministre de l'Intérieur.

Art. LXXIX.

L'Adjudication qui aura lieu sur le présent Cahier des charges, devra être approuvée par M. le Ministre Secrétaire-d'Etat au département de l'intérieur, à peine de nullité.

Fait à Paris, Hôtel de la Préfecture de Police, les jour, mois et an que dessus.

Le Conseiller-d'Etat, Préfet de

Signé BAUDE.

Vû et approuvé :

Le Pair de France, Ministre Secrétaire d'État de l'Intérieur,
Paris, le 22 Janvier 1831.

Signé MONTALIVET

Par le Conseiller d'Etat, Préfet de Poli

Le Secrétaire-général, signé BL

ÉTAT

Du Balayage à la charge de la Ville de Paris,

Sur les quartiers de la Rive gauche de la Seine.

DÉSIGNATION DES LOCALITÉS.		SERVICES d'hiver.	SERVICES d'été.	*Observations.*
Ponts, leurs trottoirs, leurs culées et pates-d'oie.	Neuf			
	au Change			
	S.-Michel			
	Notre-Dame			
	de l'Hôtel-Dieu			
	aux Doubles			
	de la Tournelle			
	Marie			
Quais et leurs trottoirs.	des Orfèvres	tous les jours.	2 f. par sem.	
	de l'Horloge			
	aux Fleurs			
	S.-Paul			
	de la Cité			
	de l'Archevêché			
	Morlan			
	des Ormes			
	autour de l'île-S.-Louis	....	....	On entend par le tour de l'île S.-Louis, les chaussées depuis le parapet jusqu'aux ruisseaux.
Les escaliers de descente à la rivière, et descentes d'abrevoirs		lavés à grandes eaux tous les jours.	lavés à grandes eaux tous les jours.	
Port S.-Paul		tous les dim.	tous les dim.	
Marché aux Fleurs		jeud. et dim.	jeud. et dim.	
Marché Neuf		tous les jours.	3 f. par sem.	
Places.	du Palais-de-Justice			
	du Parvis-Notre-Dame			
	Fénélon			
	Dauphine	*idem.*	tous les 2 j.	
Cours.	de Harlay			
	de la Ste-Chapelle			

	DÉSIGNATION DES LOCALITÉS.	SERVICES d'hiver.	SERVICES d'été.	Observations.
Ruiss.	de la Juiverie			
	de la Barillerie	idem.	tous les jours.	
	autour de la place Dauphine			
Quais.	la Tournelle			
	Montebello	idem.	3 f. par sem.	
	S.-Bernard			
	de la Garre	2 f. par sem.	2 f. par sem.	
Ports.	aux Fruits			
	aux Vins	idem.	1 f. par sem.	
	S.-Bernard			
	Marché aux Veaux et aux Vaches	merc. et sam.	merc. et sam.	La chaussée pavée de la rue de Poissy vis-à-vis le bâtiment des Bernardins.
Ruiss. des rues.	S.-Victor			
	place Maubert	tous les jours.	tous les jours.	
	des Fossés-S.-Bernard			
	de l'Oursine			
	Les Chaussées de la place Valhubert	2 f. par mois.	2 f. par mois.	
Barrières.	*Abords extérieurs et intérieurs.*			
	de l'Oursine			
	de Fontainebleau	tous les 2 j.	2 f. par sem.	
	des Deux-Moulins			
	de la Garre			
Places.	du Panthéon	2 f. par sem.	1 f. par sem.	
	S.-Etienne			
	S.-André-des-Arts			
	de la Sorbonne			
	de l'Estrapade			
	de l'Ecole de Médecine	tous les jours.	2 f. par sem.	
	des Capucins			
	Cambrai			
	du pont S.-Michel			
	du pont de l'Hôtel-Dieu			
Quais [illegible]	des Grands-Augustins	tous les jours.	tous les jours.	
	S.-Michel			

DÉSIGNATION DES LOCALITÉS.	SERVICES d'hiver.	SERVICES d'été.	*Observations.*
Escaliers de descente à la rivière.......	lavés à grande eau tous les jours.	lavés à grande eau tous les jours.	
L'intérieur du Marché de la Vallée.....	les mardi, jeud. et dim.	les mardi, jeudi et dim.	
Le pourtour du Marché des Carmes....	tous les jours.	tous les jours.	
Ruisseaux des rues. S.-André-des-Arts............. de la Harpe, à sa chûte......... S.-Jacques avec la façade de la fontaine S.-Séverin .... S.-Séverin .... de la Bucherie et son Cagnard ...	*idem.*	*idem.*	
Abords extérieurs et intérieurs.			
barr. S.-Jacques .... de la Santé	tous les 2 j.	2 f. par sem.	
Places et carrefours. S.-Sulpice....................	tous les 2 j.	*idem.*	
de l'Odéon et carrefour de ce nom. de la Croix-Rouge.............	tous les jours.	*idem.*	
du Jardin-du-Luxembourg ...... Chaussées pavées de l'Observatoire Carrefour de ce nom	tous les 2 j.	*idem.*	
Ruisseaux des rues. du Four .... des Cannettes.................	tous les jours.	2 f. par sem.	
du Carrefour de la rue de Vaugirard, à partir de la fontaine du Cherche-Midi	tous les 2 j.	1 f. par sem.	
de Sèvres	*idem.*	2 f. par sem.	
Traverses des boul. de la rue de Vaugirard.......... de Sèvres .... de la rue d'Enfer à la rue Cassini et du parc à moutons	*idem.*	*idem.*	
Abords extérieurs et intérieurs.			
Barrières. de Vaugirard .... de Sèvres .... d'Enfer...................... du Maine .... du Mont-Parnasse.............	*idem.*	*idem*	

DÉSIGNATION DES LOCALITÉS.		SERVICES d'hiver.	SERVICES d'été.	*Observations.*
Places.	Ste-Marguerite. S.-Germain-des-Prés. de l'Abbaye. S.-Thomas-d'Aquin. de l'Institut. Malaquais.	tous les jours.	2 f. par sem.	
Quais et Trott.	Voltaire. Malaquais. Conti.	*idem.*	*idem.*	
Escaliers de descente à la rivière, et descentes d'abrevoir.		lavés à grande eau tous les jours.	lavés à grande eau tous les jours.	
Ruisseaux des rues.	Dauphine.	tous les jours.	tous les jours.	
	Mazarine. de Seine.	3 f. par sem.	2 f. par sem.	
	de Bussy et carrefour de ce nom.	tous les jours.	*idem.*	
Ponts	d'Iéna.	4 f. par mois.	2 f. par mois.	
	de la Concorde. Royal.	tous les jours.	2 f. par sem.	
Quai d'Orsay.	de la rue de Bac à l'esplanade des Invalides.	3 f. par sem.	2 f. par sem.	
	de l'esplanade des Invalides à la barrière.	1 f. par sem.	*idem.*	
Port d'Orsay.		2 f. par mois.	1 f. par mois.	
Escaliers de descente à la rivière, et descente à l'abrevoir.		lavés à grande eau tous les jours.	lavés à grande eau tous les jours.	
Places.	Palais-Bourbon. de la Chambre des Députés du côté du pont.	tous les jours.	2 f. par sem.	
Ruisseaux des rues.	Plumet. Bourgogne. Belle-Chasse. du Bac. de l'Université et place autour de la fontaine. Poitiers. de Lille.	tous les 2 j.	*idem.*	

DÉSIGNATION DES LOCALITÉS.	SERVICES d'hiver.	SERVICES d'été.	Observations.
La traverse du boulevart des Invalides, à partir de la rue Plumet jusqu'à l'égoût	tous les 2 j.	1 f. par sem.	
Les chaussées pavées de l'Esplanade des Invalides.	*idem.*	2 f. par sem.	
Les avenues qui aboutissent à l'Hôtel des Invalides, à l'École-Militaire et au Champ-de-Mars.	1 f. par mois.	1 f. par mois.	
Abords extérieurs et intérieurs.			
barr. de la Cunette ... barr. de l'École-Militaire	tous les 2 j.	2 f. par sem.	

Les ruisseaux des rues désignées au présent état, devront toujours être nettoyés jusqu'aux embouchures des égoûts.

Dans le cas de l'établissement de nouvelles places ou de nouveaux marchés ou enfin de grandes chaussées, l'Entrepreneur devra être tenu de les faire balayer.

LOTTIN DE SAINT-GERMAIN, Imprimeur de la Préfecture de Police, rue de Nazareth, n.° 1. (Paris. — 1831.

www.ingramcontent.com/pod-product-compliance
Lightning Source LLC
LaVergne TN
LVHW010011230826
846092LV00002B/766

* 9 7 8 2 3 2 9 6 0 4 1 8 3 *